Dr L. CASSIEN

MÉDECIN DE 2e CLASSE DE LA MARINE

ACCIDENTS PRODUITS

SUR

L'APPAREIL DE LA VISION

PAR L'ÉLECTRICITÉ A BORD DES NAVIRES DE GUERRE

BORDEAUX
IMPRIMERIE Ve CADORET
17, Rue Montméjan, 17

1894

A mon Père

Le Docteur P. CASSIEN

*Médecin en chef de la Marine en retraite,
Officier de la Légion d'honneur.*

A mon Président de Thèse

MONSIEUR LE DOCTEUR LAYET

Ancien Médecin principal de la Marine,
Professeur d'Hygiène à la Faculté de Médecine de Bordeaux,
Chevalier de la Légion d'honneur, Officier de l'Instruction publique,
Membre correspondant de l'Académie de médecine.

ACCIDENTS PRODUITS

SUR

L'APPAREIL DE LA VISION

PAR L'ÉLECTRICITÉ A BORD DES NAVIRES DE GUERRE

INTRODUCTION

Lors de notre deuxième année d'études médicales, en 1892, nous fûmes témoin à Toulon, dans le service de M. le médecin principal Fontan, professeur de chirurgie navale, d'un cas intéressant et qui nous frappa vivement. Il s'agissait d'un jeune 2° maître torpilleur qui fut atteint de cécité complète à la suite d'une exposition assez prolongée à la lumière électrique. Nous avons eu la chance de trouver quelques cas analogues de lésions oculaires produites par la lumière électrique, et ils nous ont donné l'idée de ce travail.

Nous l'avons divisé en quatre chapitres. Dans le premier, nous esquissons l'installation de l'électricité à bord des navires de guerre; dans le second, nous donnons les observations que nous avons pu recueillir et nous les comparons avec les cas semblables produits par la lumière solaire; le troisième chapitre est consacré à la discussion de l'étiologie des lésions et des expériences que nous avons essayé de faire pour confirmer nos théories et enfin dans le quatrième, nous tâchons de donner le moyen d'opposer une prophylaxie efficace à ces accidents somme toute assez graves.

Avant d'entrer dans la carrière médicale, nous tenons à exprimer nos remerciements à ceux dont le bon accueil en cette ville nous a fait paraître moins long le séjour sur les bancs de l'école. Nous remercions aussi le docteur Fontan pour la bienveillance qu'il nous a toujours témoignée pendant le temps que nous avons passé auprès de lui.

Enfin, dans la dernière année de nos études, nous avons eu l'honneur et le plaisir d'être reçu dans le laboratoire du professeur Layet. Non content de nous avoir prodigué tout ce temps, son enseignement et ses conseils, il a bien voulu nous conduire jusqu'au bout en acceptant la présidence de notre thèse. Nous le prions d'accepter ici tous nos remerciements et l'assurance que jamais nous n'oublierons tout ce que nous devons à ce maître dont l'affabilité et la bienveillance nous seront toujours un cher souvenir.

CHAPITRE PREMIER

INSTALLATION DE L'ÉLECTRICITÉ A BORD DES NAVIRES DE GUERRE

La lumière électrique est employée sous deux formes à bord des vaisseaux de guerre : les lampes à incandescence pour l'éclairage du bord et les signaux ; les lampes à arc voltaïque pour les projecteurs électriques.

Au point de vue des accidents que la lumière peut produire sur la vision, les *projecteurs* se placent au premier rang. Ils sont sur nos navires en nombre variable et situés de manière à avoir le plus d'action possible : généralement un à l'avant, un à l'arrière et un de chaque bord. On en place aussi dans les hunes pour servir de feux chercheurs. Les torpilleurs n'en possèdent qu'un, placé au pied du mât de l'avant, et qui, du reste, ne sert que fort rarement.

Les projecteurs sont divisés suivant leur taille, en trois classes : projecteurs de 30, 40 et 60 centimètres. Ceux de 30 centimètres sont destinés aux canots à vapeur, ceux de 40 aux croiseurs et aux petits navires de guerre, et ceux de 60 aux cuirassés.

Deux sortes de lampes leur sont affectées, l'une pour les projecteurs de 30 et l'autre allant indistinctement aux projecteurs de 40 et de 60. Leur intensité est de 200 becs (45 volts et 12 ampères) pour le modèle de 30 centimètres ; 1600 becs (43 volts et 33 ampères) pour celui de 40 ; et de 3000 becs (45 volts et 65 ampères) pour celui de 60. Tous ces projecteurs sont du système Mongin, c'est-à-dire non paraboliques. On a aussi dans la marine des appareils Sauthe et Lemonnier, à charbons inclinés et à moteur intérieur permettant de les manier à distance et des appareils Bréguet, paraboliques, à charbons horizontaux et maniables aussi de loin.

Le projecteur se compose simplement d'une lampe à arc, derrière laquelle se trouve un miroir concave, parabolique ou non; le miroir est percé d'un trou à son centre, permettant de voir par derrière l'arc électrique, à travers une superposition de verres assez colorés pour que l'on aperçoive très nettement les contours des pointes des charbons.

Sur les côtés de cet appareil qui est cylindrique, et dont la face antérieure est fermée par une plaque assez forte et plane de crown-glass, est encore une fente garnie de verres colorés et par laquelle on peut surveiller la lampe. Enfin, à la partie supérieure se trouve une plaque mobile, glissant dans des rainures, qui laisse passer la main pour régler les charbons à l'intérieur. Le projecteur est monté sur un pivot, et au-dessous de la lampe se trouve un croisillon qui sert à maintenir l'arc fixe, c'est-à-dire ni sifflant, ni flambant, et une manette permettant de faire monter ou descendre les deux charbons à la fois, afin que le cratère soit toujours bien en face du centre du miroir.

Pour manœuvrer le projecteur, l'homme doit s'assurer d'abord, avant de faire jaillir l'arc, que les charbons sont bien en place, puis, passant par derrière, il ferme le circuit. Aussitôt l'appareil en marche, l'homme ne devrait plus surveiller les charbons que par la bonnette ou fente qui se trouve à l'arrière du miroir ou sur le côté de l'appareil. S'il doit rectifier la position des charbons, il doit, avant de faire glisser la plaque mobile qui lui permet d'arriver jusqu'à eux, se munir de lunettes ou d'écrans colorés qui sont mis à sa disposition.

Ces lunettes sont rondes, chaque verre est bombé et a 4 centimètres environ de diamètre; l'écartement des deux verres est environ de 2 centimètres. Leur teinte est bleu très foncé et, de même que celle des écrans, permet à peine de voir le fil incandescent d'une lampe de dix bougies.

Telle est la manœuvre que doit régulièrement exécuter le marin torpilleur chargé du projecteur, mais, soit ignorance, soit insouci, il ne se sert jamais des appareils de protection qui lui sont confiés; il trouve bien plus simple de regarder la lumière à travers le verre de crown-glass et, s'il doit régler les charbons, il ouvre tout simplement son appareil, négligeant de se servir de lunettes qu'il lui faut mettre, puis enlever pour regarder son régulateur, ou d'écrans qui, au moment voulu, ne lui tombent jamais sous la main.

Les *lampes à incandescence* employées sur les navires sont des lampes Swan, Edison, Edison-Swan, Woodhouse, Rawson et Cruts. Les plus en usage sont les lampes Edison-Swan. Elles sont de trois sortes : D'abord, des lampes de dix bougies servant à l'éclairage du navire. Ces lampes, depuis le pont jusqu'au fond de la machine, sont distribuées à profusion. Nous n'avons pas à nous en occuper ici, car, loin de donner lieu à des accidents, cet éclairage ne fatigue point la vue, même pour les ouvrages minutieux qu'il était impossible d'exécuter autrefois avec les anciens fanaux.

Les lampes employées pour les signaux sont beaucoup plus fortes. Elles sont de trente bougies. Les unes, placées dans la mâture, servent aux signaux de nuit entre bâtiments. Les autres servent à transmettre les ordres aux timoniers. Ces ordres émanent du poste du commandant situé sur la passerelle. Là, des lampes sont placées derrière un cadre noir et répondent aux mots de : avant, arrière, bâbord, tribord, en lettres de verre jaune enchâssées dans un cadran noir. Chaque fois que l'on tourne le commutateur placé au-dessous de ces mots, la lampe située derrière s'allume et permet à l'officier de s'assurer que le courant passe et que l'ordre est transmis. En effet, ces lampes sont reliées à d'autres lampes situées dans la timonerie et recouvertes de peinture blanche, verte ou rouge indiquant la manœuvre aux timoniers.

L'éclairage donné par ces lampes, à travers le verre jaune des lettres ou la peinture, est assez faible et ne peut fatiguer les yeux. Mais dans la timonerie, sous ces lampes recouvertes de peinture, sur la table devant laquelle doit se trouver constamment l'homme de quart, est vissée une lampe à incandescence qui sert à éclairer les appareils situés sur cette table, et le timonier reste quatre heures en face de cette lampe aveuglante, ne pouvant détourner les yeux du tableau des signaux et des appareils indiquant la marche du bâtiment. Cette lampe, destinée à l'éclairage, serait plus avantageusement située au plafond de la chambre de timonerie, ou au moins en dehors du champ visuel de l'homme.

Enfin, des lampes encore plus puissantes sont employées pour les *réflecteurs* qui servent de feux au navire ou de moyens d'éclairer sa marche. Ces réflecteurs sont d'immenses miroirs métalliques, concaves, au centre desquels se trouve une couronne de sept lampes à incandescence de cinquante bougies chacune. L'œil qui fixe le rayon lumineux projeté par ces miroirs est très vite ébloui par cette lumière intense.

Toute la lumière électrique envoyée dans les différentes parties du bâtiment part d'un tableau : *le tableau de distribution*. Il y en a généralement deux à bord de chaque navire et ils sont placés près des dynamos-électriques. Ils se composent de bandes de distribution en nombre égal à celui des machines auxquelles elles sont reliées par des conducteurs principaux. Chaque bande est réunie à un commutateur à plusieurs directeurs qui permet de mettre les conducteurs secondaires en communication avec une borne ou l'autre des machines. Les conducteurs secondaires desservent des circuits secondaires sur lesquels on peut greffer des circuits tertiaires, etc.

Sur les tableaux de distribution est une bande de retour, communiquant avec toutes les dynamos, et chacune de ces dernières peut servir à l'éclairage du bâtiment tout entier. Au-dessus de chaque commutateur sont placées autant de lampes qu'il y a de fils se rendant aux diverses parties du navire; sur nos grands cuirassés ces lampes sont au nombre de 15 à 18. Elles sont destinés à s'assurer que le courant passe, et que le vaisseau est bien éclairé en tous ses points.

La manœuvre du tableau de distribution, ainsi que celle des divers commutateurs, des projecteurs et des signaux de nuit, autres que ceux des feux de position, appartient aux marins torpilleurs, et l'homme de quart reste quatre heures devant ces lampes qui, la nuit, lorsque le bâtiment est en marche, sont toutes allumées. Cette faction, d'après les hommes, est très fatigante, et lorsqu'ils quittent leur poste, leurs yeux éblouis restent un certain laps de temps avant de pouvoir distinguer les objets autour d'eux. Il semble cependant qu'il serait facile d'atténuer l'éclat de ces lampes en les recouvrant d'un verre dépoli et coloré, ou plus simplement d'une couche de peinture.

L'électricité est fournie à bord par des dynamos de différents modèles. Généralement on se sert de *dynamos* Gramme, une dynamo (type M) correspond à la lampe de 200 becs; une autre (type C.T) correspond à la lampe de 1,600 becs. Les modèles sont différents pour l'éclairage tant par incandescence que par arc (installation polyphote). Le *Vengeur* et l'*Amiral Duperré* possèdent une machine Gramme-Breguet (type L M). La *Dévastation,* le *Courbet,* l'*Algésiras,* emploient le Gramme bipolaire (type H C). L'*Indomptable,* le *Terrible,* le *Caïman* ont des duplex (type Z), l'*Amiral Baudin* et le *Troude* se servent d'ensembles triplex pilon (type S) et les autres cuirassés, comme le *Formidable,* le *Forbin,* le *Hoche* etc., ont des machines Durozier.

Voici donc les divers appareils employés pour l'installation de la lumière électrique à bord des vaisseaux de guerre, et nous allons voir que quelques-uns d'entre eux peuvent être, au point de vue de la vision, une source d'accidents sérieux. Aussi ne comprenons-nous pas M. Gariel quand il déclare que les lésions produites sur la vue par l'électricité ont un *pronostic bénin.* Les observations que nous avons pu recueillir montrent bien que, loin d'être bénin, ce pronostic au contraire est grave, et qu'il faut compter avec des accidents dont la cécité complète peut être la suite.

CHAPITRE II

§ I. ACCIDENTS PRODUITS PAR L'ÉLECTRICITÉ A BORD DES NAVIRES

Nous ne parlerons pas ici des accidents de *fulguration* produits par le contact du corps avec les deux pôles d'une machine. Ils ne rentrent d'abord pas dans le cadre de notre thèse, et ils sont si rares, ou d'une telle bénignité, qu'à notre connaissance il n'y a pas eu dans la marine d'observations de ce genre.

L'autre source d'accidents, de beaucoup la plus fréquente, est déterminée par la *lumière*. Les érythèmes de la face, véritables coups de soleil électriques, les conjonctivites légères, sont très fréquentes, mais leur gravité est si faible, que les officiers ou les hommes qui en sont atteints ne s'en plaignent même pas et que ces accidents passent inaperçus. Plusieurs officiers torpilleurs m'ont dit avoir eu, après des exercices de projecteurs, de ces petits coups de soleil de la face qui avaient amené la desquamation de la peau du front, mais ils ne leur attachaient aucune importance. Toute autre est la nature des cas affectant la rétine, et c'est ici que l'éveil doit être donné sur ces accidents relativement fréquents et souvent d'une gravité alarmante.

Les hommes atteints sont naturellement les marins torpilleurs qui sont chargés de tout ce qui regarde la lumière électrique, ou, par exception, les mécaniciens torpilleurs qui dirigent les dynamos. Une remarque curieuse qui nous a été

2 Cassien.

communiquée par M. Leblond, professeur d'électricité à bord du vaisseau-école des torpilleurs, l'*Algésiras*, est que les officiers ou les hommes à iris peu chargé en pigment, les yeux bleus ou verts, sont plus prédisposés que les yeux bruns aux accidents occasionnés par la lumière. Nos observations personnelles sont en bien trop petit nombre pour que nous ayons pu nous assurer de cette remarque, résultat d'une longue expérience, et qui semblerait démontrer que les yeux dont la choroïde est plus pigmentée et absorberait mieux la lumière sans la réfléchir, seraient plus réfractaires aux lésions que peut produire un éclairage intense.

Voici les cas que nous avons pu observer. Ils montrent que le pronostic doit être très réservé, et que si souvent les accidents disparaissent peu à peu, du moins ils peuvent persister assez longtemps et même amener la perte totale de la vision.

OBSERVATION I (personnelle).

Recueillie dans le service de M. le médecin principal FONTAN, professeur de chirurgie navale.

A... (Victor), 35 ans, né à Tanbanville (Manche), deuxième maître torpilleur (*Dévastation*), 17 ans de service.

Entre à l'hôpital principal de Toulon, le 28 décembre 1892, salle 3.

Mention du billet d'entrée : Névrite optique (côté droit). Est resté le 2 et le 3 octobre devant des foyers intenses de lumière électrique pour mesurer l'intensité des lampes. Deux ou trois jours après, affaiblissement notable de la vision du côté droit. S'est présenté à la visite un mois après. A été traité par des vésicatoires, des frictions excitantes péri-orbitaires. Après chaque vésicatoire, amélioration passagère qui ne se maintient pas. A l'ophtalmoscope, on constate : la papille a perdu sa transparence, son aspect nacré, les bordsse confondent avec les parties voisines. Œdème papillaire considérable et diminution des vaisseaux centraux qui paraissent très grêles.

Examen à l'entrée : Le malade raconte qu'après avoir passé deux jours à mesurer l'intensité des lampes à incandescence destinées à être placées à bord, il ressentit le soir du deuxième jour, en quittant son travail, un assez fort mal de tête. Yeux douloureux, comme « pesants ». Cercles lumineux dansant devant ses yeux. Deux jours après, les cercles avaient disparu et étaient remplacés par une sorte de brouillard, ce qui l'amena à se présenter à la visite. Depuis il a toujours souffert de la tête et sa vue a baissé de jour en jour. Il n'a pas eu d'érythème de la face ni du front. Pas de conjonctivite. Iris marron très clair, régulier, pupille très dilatée.

V G (vision gauche) = 2/5, presque 1/2.   V D (vision droite) = 1/2.

Traitement : Iodure de potassium, sangsues et vésicatoires.

19 février 1892 : Examen ophtalmoscopique : atrophie *complète* de la papille droite, vaisseaux filiformes, à gauche atrophie moins avancée mais déjà bien accentuée. La vision est absolument perdue du côté droit et presque nulle du côté gauche. Le malade ne peut plus se conduire. Pas de sucre ni d'albumine dans les urines.

Traitement : Iodure de K. Injections hypodermiques de 1 milligramme de sulfate neutre de strychnine. Pointes de feu à la nuque et le long de la colonne vertébrale. Electrisation sur les tempes.

21 mars : Atrophie absolument complète à droite, presque complète à gauche. Est présenté pour un congé de convalescence de 3 mois.

Deuxième entrée le 4 juillet 1892. Même état, pas d'aggravation depuis le dernier examen.

Traitement : Injections de pilocarpine (5 gouttes). Electrisation sur les tempes.

26 juillet : Même état, congé renouvelé pour un mois.

Troisième entrée le 21 septembre 1892. Revient de congé de convalescence. Lui a été délivré un certificat d'incurabilité.

Exeat à présenter pour la réforme le 24 septembre 1892.

Le malade, que nous avons revu en avril 1893, a perdu complètement la vue.

OBSERVATION II (personnelle).

Recueillie dans le service du Dr Fontan.

L... (Louis), 26 ans, mécanicien torpilleur *(Indomptable)*.

Le malade raconte que le 22 juillet 1892 il se trouvait auprès d'une dynamo en marche, quand tout à coup il se produisit entre les balais de la machine et le conducteur une étincelle très vive. Il est ébloui, et ressent « comme une brûlure aux yeux ». Cette sensation de brûlure et cet éblouissement se dissipent immédiatement et il continue son quart.

5 jours après seulement, ses yeux deviennent rouges et il voit comme un brouillard devant l'œil droit. Il se présente à la visite le 28. L'œil gauche reste toujours très sain, mais la vue diminue peu à peu pour l'œil droit, et la cécité pour ce côté est bientôt complète.

Il entre à l'hôpital Saint-Mandrier, salle 2, le 1er août 1893.

Mention du billet d'entrée : Mydriase occasionnée, d'après le malade, par une étincelle électrique. Deux vésicatoires appliqués sur la tempe ont fait diminuer de moitié la dilatation de la pupille. Prétend n'avoir jamais eu ni rhumatisme si syphilis.

A l'arrivée à l'hôpital, on constate : vascularisation assez forte de toute la conjonctive. Iris vert bleuâtre, régulier, dilatation de la pupille des deux côtés. Douleurs péri-orbitaires. L'ésérine fait très faiblement contracter la pupille. Acuité visuelle considérablement diminuée. $VG = 1/2$; $VD = 0$.

Ne distingue même pas de l'œil droit les plus grosses lettres de l'échelle Snellen.

A l'ophtalmoscope on constate que la papille est un peu hyperémiée à droite.

Traitement : Lotions boriquées.

7 août : Il semble qu'une certaine amélioration s'est produite, l'homme peut compter de l'œil droit les doigts à 30 centimètres. Il ne *distingue pas les couleurs.* Application d'un vésicatoire à la tempe.

14 août : L'amélioration de la vue devient très sensible. Le malade parvient à lire les gros caractères de la feuille d'observation.

23 août : A l'ophtalmoscope on constate un état réfractionnel hypermétropique de l'œil droit. Vaisseaux très gros, un certain degré de suffusion séreuse autour de la papille.

5 septembre : Le malade voit de l'œil droit aussi bien que de l'œil gauche. Lit les petits caractères d'imprimerie à 50 centimètres. A l'ophtalmoscope, la papille est redevenue normale. Plus d'hyperémie. Les vaisseaux ne sont pas dilatés. Exeat, peut reprendre son service.

OBSERVATION III (personnelle).

Recueillie dans le service du Dr Fontan.

S... (Hyacinthe), 21 ans, matelot torpilleur (*Mitraille*), né à Argein (Ariège).

Le malade nous raconte qu'étant à manier un projecteur, il regarda les charbons à l'œil nu, négligeant de se servir des lunettes et des écrans qui sont mis à la disposition des hommes. Sur le moment il fut ébloui et resta quelques instants avant de pouvoir regarder son régulateur. Il continua néanmoins son service, mais la nuit il eut de fortes douleurs péri-orbitaires et un sentiment d'anxiété qui l'empêchèrent de dormir. Le lendemain, toute la journée, il eut devant les yeux comme des nuages passagers et des mouches étincelantes et sa vision en étant très gênée, il se présenta à la visite le 28 mai 1893.

Entrée à l'hôpital le 30 mai 1893. *Mention du billet d'entrée :* Amblyopie causée par la lumière électrique.

A l'hôpital, on ne constate ni érythème de la face, ni rougeur des paupières et des conjonctives. L'iris, régulier, est marron assez foncé. Pupille très dilatée. Diminution considérable de l'acuité visuelle surtout à droite $V G = 2/5$; $V D < 1/5$.

Traitement : Collyre à l'éserine.

1er juin : La pupille est un peu moins dilatée; à l'ophtalmoscope on constate une ischiémie du fond de l'œil, surtout à droite; papille blanche; rétine pâle.

5 juin : La vue est sensiblement meilleure, la rétine est moins pâle, papille toujours blanche. A présenter pour un congé de convalescence de trois mois.

Le malade, que nous avons eu la bonne fortune de rencontrer dans la suite, était complètement guéri. L'amélioration avait été très rapide. La vue était tout à fait bonne quelque temps après son arrivée chez lui.

OBSERVATION IV (personnelle).

L..., 23 ans, quartier-maître torpilleur (*Algésiras*).

Le 14 mars 1893, ayant une lampe de projecteur à la main, il la fit marcher pour l'essayer. Il est ébloui au bout d'un très court espace de temps et peut difficilement replacer la lampe dans le projecteur. Il continue cependant à faire marcher ce dernier, mais, en finissant son quart, il a les yeux larmoyants et éprouve de la douleur à regarder les lampes à incandescence qui éclairent le poste. La nuit, il est pris de fièvre légère avec agitation et forte céphalalgie. Les yeux lui font mal, sensation de graviers et larmoiement. Il se présente le lendemain à la visite. On constate une conjonctivite légère. Le malade y voit très bien, mais éprouve de la douleur à regarder un objet vivement éclairé, et surtout les lampes électriques. Il reste 3 jours à l'infirmerie du bord, où il est traité avec un collyre au sulfate de zinc. Le quatrième jour sort guéri, mais éprouve encore quelque temps de la gêne pour regarder les lampes d'éclairage du bord. Cet homme, que nous avons vu 4 mois après, ne conserve plus que le souvenir de son accident, et doit manier son projecteur sans plus de précautions qu'autrefois.

OBSERVATION (résumée).

ROCKLIFF. *Revue d'hygiène et de police sanitaire*.

Ouvrier employé à l'ajustage de lampes électriques de 3,000 bougies. Il ne se protégeait pas les yeux avec les verres colorés réglementaires et avait journellement, à la suite de son travail, une paralysie de la rétine d'un quart d'heure environ, pendant laquelle il ne distinguait pas les objets placés à ses côtés. La vue revenait ensuite intégralement, mais pendant un quart d'heure encore il avait du larmoiement, de la photophobie, de la douleur et du gonflement des paupières. Ces attaques cédaient à des lotions d'eau froide sur les yeux. Un jour, ce moyen n'arrêta pas les accidents, le gonflement et la douleur augmentèrent, ainsi que le larmoiement et la photophobie. Les vaisseaux de la conjonctive étaient congestionnés. Un purgatif et des lotions d'eau blanche dissipèrent tous ces symptômes en quarante-huit heures.

OBSERVATIONS (résumées).

Nodier. *Thèse de Paris.*

1° Officier de vaisseau restant deux heures exposé à la lumière d'un projecteur électrique de 1,600 becs Carcel. Début des accidents quelques heures après : douleurs oculaires, céphalalgie, rougeur des conjonctives, larmoiement, cercle périkératique, myosis, mouches volantes, photophobie, douleurs sus-orbitaires. Pas d'érythème sur les téguments. Guérison le quatrième jour.

2° Officier de vaisseau restant deux heures devant la lumière d'un projecteur électrique de 300 becs Carcel. Quelques heures après, lourdeur de tête et céphalalgie, puis picotements dans les yeux et larmoiement. Forte conjonctivite. Cercle périkératique. Myosis. Photophobie intense. Céphalalgie frontale et douleurs lancinantes au niveau des paupières. Pas d'érythème des téguments. Guérison le troisième jour.

§ II. ANALOGIE DE CES ACCIDENTS AVEC CEUX PRODUITS PAR LA LUMIÈRE SOLAIRE.

Résumons brièvement les symptômes que nous avons dans ces observations. On constate d'abord un éblouissement très court, puis après un certain laps de temps, cinq à dix heures en général, commencent les premiers symptômes : douleurs péri-orbitaires, céphalée, léger mouvement fébrile, larmoiement, scotome généralement persistant, affaiblissement de l'acuité visuelle, mydriase très prononcée, perte de la distinction des couleurs (une fois), congestion ou anémie rétinienne et enfin disparition de tous ces symptômes ou, au contraire, aggravation lente des lésions amenant l'atrophie du nerf optique et la perte totale de la vision. Ces accidents sont absolument analogues à ceux qui se produisent par coups de lumière solaire.

Qu'on nous permette d'en donner ici quelques observations résumées, ce rapprochement nous servira plus tard à tâcher d'établir l'étiologie des accidents, et à essayer de nous rendre compte de la nature des rayons qui peuvent produire les lésions.

OBSERVATION (personnelle).

Recueillie dans le service du docteur FONTAN.

C... (Ambroise), 41 ans, premier maître timonier (*Trident*), né à Treguidel (Côtes-du-Nord).

Entre à l'hôpital le 24 juin. *Mention du billet d'entrée :* Atteint de décollement de la rétine à droite survenu subitement sous l'influence de l'observation solaire. V = presque 0 des deux yeux.

Le 19 juin, ce premier maître était occupé à montrer à des apprentis timoniers le maniement du sextant et à déterminer l'erreur instrumentale. Croyant que les verres colorés étaient en place, il dirige l'instrument vers le soleil qu'il fixe. Immédiatement, il a ressenti un éblouissement, mais pas de douleurs. Dans la journée, sensation de mouches volantes, mais il peut se livrer à ses occupations ordinaires. Le lendemain, voulant écrire, il ne le peut que difficilement, ayant, chaque fois qu'il baissait la tête, la sensation d'une bande obscure entourée de bandes lumineuses, passant devant ses yeux, ce qui l'obligeait à relever la tête.

Le 22, en se levant, il s'aperçoit qu'il a perdu complètement la vision de l'œil droit. Jamais de douleurs, pas d'injection de la conjonctive. La « corde obscure » a disparue pour faire place à un disque obscur chaque fois que le malade essaie de regarder avec son œil.

Traitement par injections de pilocarpine. Amélioration légère qui reste stationnaire.

OBSERVATIONS DE JIEGER

Clinique ophtalmologique de 1849-1852 (Archives Jamain, 1856).

Femme, 44 ans, éclipse de soleil vue de l'œil gauche à travers un verre enfumé. Eblouissement. Sensation douloureuse. Scotome central. Symptômes augmentent. Champ visuel supprimé en bas. Symptômes inflammatoires passagers, puis permanents. Enucléation de l'œil. Cancer de la choroïde.

Homme, 48 ans, éclipse de soleil vue de l'œil gauche à travers un verre rouge. Mêmes symptômes que ci-dessus.

OBSERVATIONS DE SULZER

Klinische Monatsblätter für Augenheilkunde.

Quatre cas d'affection de la rétine causée par l'observation directe de l'éclipse du 16 mai 1884.

Mme R..., 31 ans. Brouillard gris irrégulier, plus vif à droite qu'à gauche. Pupilles très étroites, se dilatant promptement par l'atropine. Fovea centrale entourée des deux côtés d'un disque léger jaune mat; deux points brillants sont remarqués dans la région de la macula. Guérison au bout de six mois.

Mlle M..., 16 ans, avait observé l'éclipse neuf jours auparavant. Les yeux n'avaient pas été protégés. Disque lumineux qui se transforma en tache grise. Champ visuel normal.

Jacob H..., 23 ans, boulanger. A présenté les mêmes signes sur l'œil gauche dont la région de la macula était entourée de vaisseaux sinueux et gorgés de sang.

Jacob J..., 32 ans, boucher. Quatre jours après l'observation de l'éclipse, un scotome central devant l'œil droit qui fut accompagné d'un brouillard grisâtre. Chorio-rétinite.

CHAPITRE III

ÉTIOLOGIE DES ACCIDENTS PRODUITS SUR L'APPAREIL DE LA VISION PAR LA LUMIÈRE ÉLECTRIQUE

Ici, un problème principal se pose qui a été débattu longtemps par des voix assurément beaucoup plus autorisées que la nôtre. En effet, est-ce simplement l'intensité de la lumière qui produit les lésions, ou faut-il en attribuer la plus large part aux rayons chimiques (ultra-violets)?

Foucault le premier (1856), se prononça nettement pour cette dernière hypothèse.

Charcot en 1858, rapporta aussi à eux les lésions produites par la lumière électrique, et en 1860, le professeur Regnault vint appuyer cette donnée, en signalant à l'Académie de médecine les propriétés de fluorescence que possèdent les milieux de l'œil, et qui, selon lui, devaient faire reconnaître l'origine et le siège des lésions produites sur les yeux par la lumière électrique. Voici ses conclusions à cet égard :

« 1° Chez l'homme et les mammifères, la cornée est douée
» d'une fluorescence manifeste.

» 2° Le cristallin possède à un haut degré des propriétés
» fluorescentes chez les animaux, aussi bien que chez quel-
» ques vertébrés aériens;

» 3° La portion centrale (phacocine), du cristallin de plu-
» sieurs vertébrés et mollusques aquatiques est privée de ces
» propriétés;

» 4° La membrane hyaloïde seule, dans le corps vitré, offre une très faible fluorescence;

» 5° La rétine présente une fluorescence dont l'intensité est moindre que celle du cristallin;

» 6° Les accidents oculaires causés par l'action prolongée de la lumière électrique doivent être rapportés à la fluorescence que développe dans les tissus transparents de l'œil cette source puissante de radiation violette et ultra-violette. » Cette fluorescence, en effet, peut être considérée comme le résultat d'une transformation de l'énergie lumineuse en mouvement vibratoire, qui ne saurait s'opérer d'une façon active sans porter atteinte à la longue, aux fonctions de l'organe ».

BOUCHARDAT ensuite (1879), partage cette manière de voir, et de CHARDONNET en 1883, vint confirmer les résultats de REGNAUT et formuler les propositions suivantes :

« 1° Tous les milieux de l'œil absorbent plus ou moins les radiations ultra-violettes.

» 2° Leur fluorescence est en rapport direct avec leurs propriétés d'absorption;

» 3° Le cristallin a pour fonction physiologique d'intercepter toute radiation ultra-violette.

» 4° Il est probable que cette absorption par les milieux de l'œil n'a pas lieu sans fatiguer l'organe.

Nous voyons donc, que, d'après lui, le cristallin ne permettrait pas aux rayons ultra-violets d'arriver jusqu'à la rétine, mais DONDERS, REES, BRÜCKE et HELMHOLTZ, établirent par des expériences qu'elle était impressionnée par ces rayons, et devenait fluorescente sous leur action.

MM. NORDENSON et WIDMARK, professeurs à l'Université de Stockholm, se prononcent aussi en faveur des rayons violets, et NODIER dans sa thèse en 1881, accepte l'opinion générale.

Dans ces derniers temps, dans le *Journal de médecine de Bordeaux*, MM. Martin et Sous entamèrent une discussion sur ce sujet, M. Martin faisant intervenir l'intensité seule et M. Sous rejetant toute l'action nocive sur les rayons ultra-violets.

La question en est restée là, et il est bien téméraire à nous de vouloir ajouter un mot à ces discussions savantes et autorisées, mais armé de nos observations, nous tâcherons de puiser dans la clinique et dans l'expérimentation des arguments qui nous ont fait penser que l'intensité jouait un rôle dans l'étiologie du « coup de lumière électrique » et qu'il fallait compter avec elle.

Jusqu'à présent, on n'avait pas discuté l'opinion de Foucault qui avait été admise de prime abord. Mais à cette hypothèse, faite immédiatement et sans s'appuyer sur l'expérimentation, on pourrait, il nous semble, poser quelques objections. Nous voyons d'abord que dans l'œil, la cornée, le cristallin et l'humeur vitrée occupent de beaucoup, pour la fluorescence, la première place, et que la rétine, qui, suivant de Chardonnet, ne recevrait même pas de rayons ultra-violets, n'arrive que bien loin derrière ces milieux transparents. Mais s'il en est ainsi, et ces auteurs admettant que la rétine n'est frappée qu'indirectement, à la longue, et grâce à l'action réflexe produite sur l'œil tout entier par la fatigue de ces tissus, il nous semble qu'en première ligne la cornée et le cristallin devraient être le siège des principales lésions, et que si les rayons violets sont la cause des accidents observés, les milieux qui retiennent presque tous ces rayons et sont le plus influencés par eux devraient être le plus atteints. Or, toutes les observations que nous avons pu recueillir ne mentionnent pas de cas de ce genre, et ce n'est que dans le *London medical Record* que nous avons pu trouver quelque chose à ce sujet. Nous citons textuellement l'article de M. V. Idelson que nous avons pris dans ce journal :

« Reich, *sur les cataractes produites par des coups de lumière.*
» Suivant un des plus éminents et savants ophtalmologistes
» russes, le Dr Mikhaïl (J. Reich de Tiflis); *Rapport de la*
» *Soc. méd. du Causase*, il n'existe pas, dans le monde entier,
» plus de 25 cas de lésions oculaires diverses causées par des
» coups de lumière, quinze de ces cas portent sur des
» névrites optiques, des atrophies du nerf optique, des para-
» lysies des muscles de l'œil et des rupture de la choroïde.
» Les dix autres cas sont des cataractes. Ordinairement la
» lésion consiste en un pointillé et en un trouble strié des
» couches corticales antérieures et postérieures du cristallin
» et de sa capsule. Dans un cas récemment publié par le
» Dr Silex, et se rapportant à un enfant, la cataracte consis-
» tait en une quinzaine de stries grises, délicates et fines,
» formant une étoile sous la capsule. Le point intéressant du
» cas de M. Silex réside dans le fait que ce trouble disparut
» spontanément six jours après l'accident. Le développement
» de l'opacité en question est ordinairement expliqué par une
» action catalytique de l'électricité qui fait coaguler la masse
» protéique située entre la capsule et la couche épithéliale du
» cristallin et entre les fibres de ce dernier. La rapide dispa-
» rition de l'opacité du cristallin peut être attribuée à la
» redissolution des grumeaux protéiques par le liquide alcalin
» du tissu oculaire. Le Dr Silex pense toutefois que cette opa-
» cité n'est pas due à une action catalytique de l'étincelle
» électrique, mais à une élévation instantanée de la tempé-
» rature qui est portée très haut dans ces parties par l'action
» de la lumière ».

Cet article ne laisse pas de nous étonner un peu. En effet,
Reich donne 10 cas de cataracte sur 25 cas de lésions produites
par la lumière électrique et nulle part ailleurs nous n'avons
pu trouver d'observations portant sur les parties transparentes

de l'œil. Toutes les observations que nous avons données n'en font pas mention, et dans un article du professeur Layet (*Leçons sur les affections occulaires d'origine professionnelle*), nous trouvons un paragraphe qui montre bien que ces cas ne sont pas reconnus par tous comme le résultat de l'action seule de la lumière.

« C'est une opinion émise par des ophtalmologistes autorisés,
» entre autres : Mackensie, et de Wecker, que l'exposition à
» une lumière intense ou au calorique incandescent soient
» des causes prédisposantes à l'opacification de la lentille cris-
» talline, c'est-à-dire à la cataracte. Elle est la conséquence
» de troubles de la nutrition provoqués dans le cristallin
» soit par suite de la mise en jeu exagérée de ses propriétés
» d'absorption pour certains rayons lumineux, les rayons chi-
» miques en particulier, ainsi que l'ont établi les expériences
» de Chardonnet sur l'action de la lumière électrique, expé-
» riences contrôlées et affirmées par M. Gayet (de Lyon), qui a
» constaté que ce pouvoir absorbant du cristallin augmentait
» avec l'âge, soit par suite de son pouvoir diathermane.

» Janssen et Gayet ont particulièrement insisté sur cette der-
» nière cause. Gayet a remarqué que dans le bassin houiller
» de la Loire, où se trouvent un grand nombre de verreries
» et d'établissements métallurgiques, la proportion des cata-
» ractes était le double (4/1000 environ) de la proportion nor-
» male constatée chez une population ordinaire. Cette influence
» directe de la lumière et du calorique rayonnant sur le cris-
» tallin n'est pas admise par un certain nombre d'observa-
» teurs, entre autres Galezowski, qui, au point de vue profes-
» sionnel, fait jouer le rôle important dans le développement
» de la cataracte aux efforts exagérés d'accommodation.

» D'autres invoquent avant tout les prédispositions constitu-
» tionnelles, telles par exemple que l'arthritisme, la goutte, le

» diabète et n'accordent aux causes extérieures qu'un rôle
» secondaire ».

Nous voyons donc que l'accord n'est pas encore fait sur l'étiologie des cataractes produites par la lumière, et Reich, dans son article, ne signale même pas de quelle façon les accidents se sont produits et si l'on ne pouvait dans ces cas incriminer d'autres causes que la lumière seule. Nous avons bien trouvé de nombreux cas de cataractes produites par la foudre, surtout dans un travail du docteur Meyhœfer où il rappelle tous les cas produits jusqu'alors et qui ne sont qu'au nombre de 8, mais dans tous l'individu avait été frappé directement par la foudre, et l'on ne peut conclure que la lumière de l'éclair doive être incriminée en ce cas.

Bien plus nombreuses du reste sont les lésions de la rétine produites par la foudre et que Uhle rapporte en proposant un nouveau traitement par les inhalations de nitrite d'amyle. Mais là aussi les malades ont été atteints directement et l'on ne saurait rapporter à l'intensité lumineuse les accidents constatés sur l'appareil de la vision.

Cette rareté des faits observés, et les objections posées à l'exactitude de l'étiologie de la plupart des cas, nous permettent donc de soutenir encore ce que nous disions : c'est que les rayons violets qui devraient produire les lésions, n'atteignent pas ou presque pas les organes qu'ils impressionnent le plus et par lesquels ils se trouvent arrêtés et emmagasinés.

Une objection semble encore être faite à la théorie que nous proposons par une phrase de Terrier rapportant dans la *Semaine médicale* de janvier 1888 l'observation des cas de « coup de soleil électrique » présentés par des ouvriers au Creusot : « Ce
» que je puis dire c'est que les ingénieurs, pour effectuer la
» soudure des métaux (par l'électricité), se servent empirique-
» ment de verres rouges et jaunes associés pour protéger leurs

» yeux ». A cela nous pouvons répondre que dans la marine on se sert non moins empiriquement pour se garantir les yeux de l'éclat des projecteurs, de verres bleus très foncés, et tous les cas de lésions l'ont été sur des hommes qui avaient négligé de s'en servir. Et le fait relaté par Terrier qui semblerait démontrer que l'expérience a conclu aussi en faveur de l'action exclusive des rayons violets qu'arrêtent les verres rouges et jaunes, est combattu par ce qui se passe dans la marine où l'on se sert de verres bleus, qui, d'après Terrier lui-même, laissent passer les rayons ultra violets.

Tout cela ne prouve pas que l'intensité ait le rôle prépondérant dans la pathogénie des lésions, mais M. Sous en voulant prouver l'action exclusive des rayons violets nous donne le moyen d'appuyer notre opinion. Il se base en effet sur la différence qu'il trouve entre l'action sur l'appareil de la vision de la lumière électrique et celle de la lumière solaire. Il propose de décider la question de la façon suivante : « Si la lumière élec-
» trique n'agit sur nos yeux que par son intensité, son action
» se réduit à celle d'une vive lumière et ses effets doivent être
» les mêmes que ceux que nous observons chez les personnes
» qui, sans précautions suffisantes, ont contemplé des éclipses
» de soleil. Demandons à la pathologie la solution de cette
» question, la démonstration de cette hypothèse, et recherchons
» si l'intensité de la lumière est bien la cause unique et véri-
» table des accidents. Examinons les faits et voyons si la
» lumière électrique et la lumière solaire ont occasionné les
» mêmes lésions et produit les mêmes phénomènes. Si les
» résultats sont identiques ou du moins s'ils offrent une cer-
» taine analogie, l'hypothèse de l'intensité sera démontrée, car
» elle aura des bases solides, l'observation et les faits cli-
» niques, mais si les symptômes ne se ressemblent nullement,
» si, dans les deux cas, la maladie a une allure particulière qui

» les distingue et les différencie nettement, alors il faudra for-
» cément rejeter l'hypothèse de l'intensité comme cause unique,
» et attribuer à une autre origine les accidents produits par la
» lumière électrique ». Eh bien ! nous acceptons la proposition
de M. Sous, nous l'acceptons entièrement, et nous allons com-
parer les observations que nous avons données d'accidents
produits par la lumière électrique et celles d'accidents causés
par la lumière solaire.

Résumons d'abord les lésions et les symptômes qu'ont présentés les hommes atteints de « coup de soleil électrique ».
Nous les trouvons tous énumérés dans cette phrase du professeur Layet, empruntée à ses *Leçons sur les affections oculaires
d'origine professionnelles* :

« La lumière électrique, comme la lumière solaire, leur
» reverbération, leur réflexion sur des surfaces éclatantes, ont
» causé plus d'une fois des troubles de la vision plus ou moins
» graves, plus ou moins persistants. On a cité de la photo-
» phobie (par hyperestésie de la rétine), la diminution de
» l'acuité visuelle, l'apparition de scotomes, la perversion du
» sens des couleurs, l'héméralopie, la cécité temporaire ou
» définitive ».

Nos observations corroborent absolument ce que dit le professeur Layet. Quels sont les symptômes que nous avons signa-
lés : Scotomes centraux, brouillard gênant la vision, mouches
volantes, douleurs péri-orbitaires, photophobie, mydriase, affaiblissement de l'acuité visuelle, névrite optique, et enfin atrophie du nerf optique. Qu'est-ce que nous trouvons, d'autre
part, dans les observations d'accidents causés par la lumière
solaire : scotome central, mouches volantes, brouillard grisâtre, sensation douloureuse (obs. de Jieger), affaiblissement de
l'acuité visuelle, cécité temporaire ou définitive. Que penser de
cette similitude de symptômes, et si nous prenons à la lettre

ce que propose M. Sous, nous devons rapporter entièrement à l'intensité lumineuse la production des lésions. Là n'est pas cependant notre pensée, et si nous croyons qu'il faut compter et même compter beaucoup avec l'intensité lumineuse, nous ne saurions rejeter l'idée que les rayons ultra-violets n'entrent aussi pour leur part dans la pathogénie des cas observés.

D'autres faits encore viennent à l'appui du rôle de l'intensité :

La *mydriase* qu'ont présentée tous nos malades, consécutive à la forte contraction réflexe de l'iris, qui tâche d'intercepter le plus possible les rayons lumineux qui viendraient affecter douloureusement la rétine, contraction qui amène la fatigue et par suite la paralysie consécutive de cette membrane protectrice.

Les lésions produites par les *lampes à incandescence*, lampes qui émettent beaucoup moins de rayons ultra-violets que les lampes à arc. En effet, le verre arrête d'une façon notable les rayons ultra-violets ainsi que l'ont démontré SIEMENS et DÉHÉRANS expérimentant l'action de ces rayons sur les plantes vertes, et comme l'a aussi reconnu de Chardonnet dans les expériences sur la sensibilité qu'affectent les cataractes envers les rayons ultra-violets. Eh bien ! nous voyons que les lésions les plus graves, celles qu'a présentées le malade qui a fait le sujet de notre première observation, ont été produites par des lampes à incandescence. Or, ces lampes sont entourées d'un globe de verre ordinaire, et non de crown-glass comme la plaque antérieure des projecteurs ; crown-glass qui, comme le flint-glass, arrête, ainsi que l'a établi BECQUEREL, beaucoup moins que le verre ordinaire ces sortes de rayons.

De plus, ne pourrait-on pas invoquer comme cause adjuvante de la production des lésions l'impression produite sur la rétine par le *passage brusque* d'une obscurité relative à une lumière intense. De même que l'inégalité de lumière causée par le clignotement d'une flamme ou les intermittences d'une lampe à arc fatiguent considérablement l'œil, ce changement subit de lumière n'interviendrait-il pas dans une certaine mesure comme cause nocive? Nous n'hésitons pas à le croire.

Enfin, il restait un moyen de trancher la question : l'expérimentation. Déjà CZERNY, en 1883, en concentrant la lumière solaire sur la rétine d'animaux vivants, avait provoqué une inflammation exsudative de la rétine et de la choroïde. Czerny sur la question de savoir si ce sont les rayons chauds ou les rayons lumineux du soleil qui avaient produit ces troubles, s'était prononcé en faveur des rayons lumineux. En 1891, DEUTSCHMANN avait conclu de ses expériences sur des lapins qu'une lumière électrique éclatante et intense peut provoquer une coagulation de l'albumine dans une zone minuscule de la macula avec inflammation au-dessus et au-dessous de ce point, lésions qu'il attribue à l'action des rayons violets. Ces deux auteurs, dans leurs expériences, arrivent donc aux mêmes résultats avec deux sources de lumières différentes, et l'étiologie qu'ils en donnent est entièrement opposée. Nous avons alors essayé de reproduire ces faits, en faisant subir à des lapins l'action de la lumière électrique. Nous pensions pouvoir juger de la différence produite par une lumière électrique privée ou non de ses rayons violets, et nous avons en ce but entrepris dans le laboratoire d'hygiène de la Faculté de médecine de Bordeaux les expériences suivantes :

PREMIÈRE EXPÉRIENCE

Lapin de 1 mois placé pendant 10 minutes l'œil droit en face de la lentille convergente d'un projecteur électrique de 10 ampères et 55 volts. Distance de l'œil au cratère des charbons, 75 centimètres. Température de la salle 19°. Température du cône lumineux au niveau de l'œil 29°.

Sitôt que le faisceau de lumière arrive sur l'œil, il se produit un myosis très notable. La pupille, qui avait un diamètre de 3 millimètres environ, n'offre plus qu'un diamètre de 1 millimètre 1/2 au plus. Le lapin ne bouge pas, son œil reste fixe et ses paupières ouvertes et immobiles. Pas de larmoiement.

Au bout de 10 minutes l'animal est retiré, il se produit aussitôt que l'œil sort du faisceau lumineux une mydriase très forte. L'iris est réduit à une mince bande entourant la pupille dont le diamètre dépasse 4 millimètres.

Le lendemain et les jours suivants, l'œil ne présente aucune lésion extérieure visible.

A l'ophtalmoscope on constate : *3 jours après* l'expérience, une légère congestion qui augmente de jour en jour et arrive à son maximum au bout du huitième jour. Les vaisseaux centraux sont alors très dilatés, la papille offre une légère vascularisation en son centre. Cette hyperémie diminue ensuite peu à peu. On ne constate jamais rien du côté de la choroïde ni de la rétine.

15 jours après l'expérience, l'œil droit est redevenu absolument semblable à celui du côté opposé qui est resté sain.

DEUXIÈME EXPÉRIENCE

Lapin de 1 mois placé pendant 30 minutes l'œil droit en face de la lentille convergente d'un projecteur électrique de 10 ampères et 55 volts. Distance de l'œil au cratère des charbons, 75 cent. Température de la salle, 20°. Température du cône lumineux au niveau de l'œil 30°.

Dès le début, myosis très notable qui dure tout le temps de l'expérience. Aussitôt que l'animal est retiré, mydriase très forte. Comme le lapin précédent, il n'a pas fermé les paupières et a fixé sans bouger la lumière électrique.

Les rayons ultra-violets sont alors supprimés par l'interposition d'une cuve remplie d'une solution de sulfate de quinine au 1/10; une autre solution de sulfate de quinine placée devant le projecteur et qui était nettement fluorescente avant l'interposition de cette cuve, ne donne plus aucun signe de fluorescence.

On place alors l'œil gauche du lapin devant la lumière ainsi privée en grande partie de ses rayons violets. Il y reste 30 minutes dans les mêmes conditions que précédemment. Myosis et mydriase consécutive identiques. Pas de lésions extérieures d'aucun côté.

3 jours après : Œil droit, très forte congestion rétinienne, vaisseaux énormes, papille recouverte de gros vaisseaux anastomosés.

Œil gauche, congestion de la rétine, mais beaucoup plus faible que du côté opposé. La papille ne présente qu'un vaisseau central assez dilaté.

15 jours après : O D congestion moins forte.

O G redevenu normal.

Pas de traces de lésions de la choroïde.

TROISIÈME EXPÉRIENCE

Lapin de 3 mois placé dans des conditions identiques à celles du lapin précédent. Mêmes symptômes.

2 jours après : O D vascularisation très forte.

O G congestion plus faible mais bien marquée.

8 jours après : Mêmes lésions.

15 jours après : L'œil droit est encore congestionné ; l'œil gauche est redevenu normal. Pas trace de chorio-rétinite.

Tels sont les résultats que nous avons pu obtenir. Ils sont bien loin de ceux de nos devanciers. Pourquoi nos lapins n'ont-ils pas eu de lésions choroïdiennes ? Est-ce la faible puissance du projecteur qui en est cause ? Est-ce la durée de l'expérience qui n'a pas été assez prolongée ? Cependant divers faits qui peuvent être intéressants nous ont frappé dans le cours de ces expériences, et nous allons rapidement les énumérer.

Le premier, et peut-être le plus étonnant, est l'immobilité absolue des lapins qui restaient une demi-heure sans fermer la paupière une seule fois, ni essayer de se soustraire à ces rayons lumineux qui leur arrivaient directement sur l'œil, tandis que nous avions de la peine à regarder, à une certaine distance, cette lumière qui nous aveuglait et nous produisait immédiatement une sensation douloureuse. Cette immobilité serait-elle due à l'action analgésique de la lumière électrique, action qui a paraît-il été déterminée en ces dernières années par le docteur Von Stein (de Moscou) (*Semaine médicale*, 1889)? Nous ne le pensons pas, car nous ne nous hasarderions pas à soulager les douleurs oculaires par ce moyen qui serait peut-être plus dangereux qu'utile.

Mais un fait plus curieux encore, c'est que, pendant la troisième expérience, tandis que l'œil droit de l'animal était placé en face de l'appareil, nous projetions sur l'œil gauche, qui était dans l'ombre, des rayons lumineux que nous réfléchissions avec un miroir. Chaque fois que ces rayons arrivaient à l'œil, l'animal fermait immédiatement les paupières du côté gauche, tandis que l'œil droit restait toujours ouvert en face de la source lumineuse. Quelle est l'explication que l'on peut donner à ce fait? Nous l'avons vainement cherchée?

Un autre point à signaler, c'est la mydriase subite, consécutive au myosis et qui se produit chaque fois aussitôt que le lapin n'est plus placé en face des rayons projetés. Cette mydriase a persisté au delà de quatre jours chez les jeunes lapins et n'a duré qu'une journée environ chez les lapins de trois mois.

Nous devons encore attirer l'attention sur l'absence de lésions extérieures et de lésions des milieux transparents de l'œil, avant d'arriver à ce que nous avons obtenu comme résultat de nos expériences.

Nous n'avons eu que de la congestion, congestion très forte quand les rayons violets agissaient de concert avec l'intensité, beaucoup moindre quand ils étaient supprimés.

Mais, dans ce dernier cas, elle existait encore et, si faible qu'elle fût, elle prouve quand même que l'intensité a un certain rôle, rôle qui nous semble beaucoup moindre que celui des rayons violets, mais qui est assez net et important. Nous eussions voulu poursuivre nos expériences et corroborer nos résultats en ne faisant agir sur un œil que des rayons violets par l'interposition sur le trajet de la lumière d'un miroir de Foucault. Nous n'avons pu, à notre grand regret, le faire, mais il serait peut-être intéressant de poursuivre cette étude.

CHAPITRE IV

TRAITEMENT

Nous laisserons de côté ici le traitement proprement dit. Les antiphlogistiques sont indiqués en cas de lésions oculaires produites par l'électricité, car l'hyperémie rétinienne en est le principal symptôme. Vésicatoires, sangsues, lotions froides, injections de pilocarpine, tout cela a donné de bons résultats quand on est en présence de ces accidents que l'on doit chercher à prévenir. Mais le traitement prophylactique est le plus rationnel et le plus important en face d'une maladie évitable, et le premier devoir du médecin n'est pas de chercher à guérir les maladies mais de les empêcher de se produire.

Dans le cas qui nous occupe c'est bien difficile, car l'on aura à lutter non seulement contre les agents vulnérants, mais aussi contre l'incurie et l'ignorance.

Le moyen le plus sûr est sans contredit la protection individuelle. Pour cela, rien ne peut valoir le port de lunettes. Lunettes non jaunes comme le veut Fieuzal, ni seulement bleu très foncé, comme celles employées actuellement dans la marine. Le verre jaune ne supprime que les rayons violets, et, comme l'ont bien fait remarquer Javal et Galesowski, les lunettes à verres jaunes ne sont pas acceptées par tous les yeux et fatiguent certaines personnes. Mais puisque nous voulons garantir à la fois des rayons violets et de l'intensité, nous proposons des verres d'urane teintés de bleu, mais pas très foncé pour que les hommes hésitent moins à s'en servir.

De plus, il faut instruire ces derniers des dangers qu'ils courent, et leur montrer les conséquences fâcheuses que peut amener leur imprévoyance.

Un autre moyen de protection peut encore être cherché dans le dispositif des appareils. Pour les projecteurs, au lieu d'étroites bonnettes où l'on ne peut placer qu'un œil, et qui ne laissent distinguer que difficilement les charbons, ne serait-il pas aussi facile de construire de chaque côté de l'appareil deux larges ouvertures ovales où l'on pourrait voir, même à une certaine distance, ces charbons ? Les ouvertures, garnies de verre d'urane, teinté en bleu très foncé ne devraient pas laisser passer assez de lumière pour gêner la défense du navire en lui servant de feux supplémentaire, et l'homme aurait ainsi presque toujours ses charbons devant les yeux et ne serait pas cependant gêné par cette lumière peu intense et dépourvue de rayons violets. De plus, un dispositif devrait permettre de manier les charbons seulement du dehors, et cette plaque qui permet à l'homme d'ouvrir son appareil pour le régler serait supprimée.

Comme nous l'avons dit dans le courant du premier chapitre, il serait encore nécessaire et facile de déplacer la lampe du poste de timonerie, lumière qui fatigue et éblouit le timonier en face duquel elle est placée. Les tableaux de distribution devraient aussi avoir leurs lampes indicatrices recouvertes de verre dépoli ou de peinture.

Telles sont les indications qui nous semblent les plus urgentes et les plus pratiques, mais de tous, le point qui nous paraît capital, c'est l'instruction des hommes qui doivent manier les projecteurs, et qu'on ne saurait trop mettre en garde contre cet appareil dangereux et cependant si maniable.

CONCLUSIONS

Du travail que nous présentons, nous pouvons conclure :

1º L'installation de l'électricité à bord des navires de guerre offre quelques incommodités auxquelles il est facile de remédier.

2º Les appareils employés à bord sont dangereux au point de vue de la vision et peuvent provoquer des accidents qui vont parfois jusqu'à la cécité complète.

3º Ces accidents sont dus à l'action des rayons violets et en même temps *à l'intensité*.

4º Le traitement doit être surtout prophylactique, et réside dans le choix de lunettes appropriées et dans quelques changements dans le dispositif des appareils.

INDEX BIBLIOGRAPHIQUE

BECQUEREL. — La lumière.
BOUCHARDAT (A.). — De l'éclairage électrique. *Revue scientifique*, 1879.
BOULARD (J.). — L'éclairage public gaz et électricité. *Revue scientifique*, mai 1879.
CHARCOT. — Erythème produit par l'action de l'électricité. Bull. soc. biol., 1859.
CHARDONNET (de). — Sur la pénétration des rayons actiniques et sur la vision des radiations ultra-violettes. *Journal physique*, 1881-1883.
CZERNY. — Rapport à l'Académie des sciences de Vienne, 1884.
DÉHÉRANS. — *L'électricien*, 1881.
DURÈGNE. — De l'éclairage électrique considéré au point de vue de l'hygiène. *Revue sanitaire de Bordeaux et de la Province*.
EDISON. — Catalogue officiel, 1881.
EMMERK. — *Revue méd. suisse*, 1882.
FONTAINE (H.). — Eclairage à l'électricité. Paris, 1879.
FOUCAULT (L.). — Effets de la lumière électrique. Bull. soc. phil., 1856.
GARIEL. — Eclairage des villes. Encycl. hyg. et méd. publique.
HARTRIDJE. — *British med. Journal*, 1892.
JAVAL. — L'éclairage électrique au point de vue de l'hygiène des yeux. Rev. scient., 1879.
» Bull. de la Soc. de méd. publ. et d'hygiène professionnelle.
JEGER. — Clinique ophtalmologique, 1849-1852.
KLEIN. — Influence de l'éclairage sur l'acuité visuelle. Th. Paris, 1872.
KRUSS. — Conférence de Hambourg, 1884.
LAYET (A.). — Hygiène de l'éclairage. Dict. encyclopédique des sciences médicales de Dechambre.

Layet (A). — Leçons sur les affections oculaires d'origine professionnelle, in *Rev. sanitaire de Bordeaux*.

» Hygiène industrielle, t. IV de l'Encyclopédie d'hygiène de Rochard.

Leber. — *Arch. für opht.*, 1882.

Martin. — *Journal méd.* Bordeaux, 1887-1888.

Meyer. — Expériences de comparaison entre le gaz et l'électricité. *Centralblätt. für Electrotechnick.*

Meyhœfer. — Cataracte produite par la foudre. *Klinische Monatsblätter für Augenheilkunde.*

Nodier. — Sur une ophtalmie causée par la lumière électrique. Th. Paris, 1881.

Nordenson (doctor Erick). — Exposé des travaux du docteur, etc. Stockholm.

Pohlman (Julius). — Sur une cause méconnue de l'étiologie des conjonctivites, *Buffalo med. and chir. Journ.*, 1892.

Poncet (de Cluny). — De l'éclairage par la lumière électrique, *Progrès médical*, 1880.

Regnault (F.). — Etudes sur quelques propriétés physiques et en particulier sur la fluorescence des milieux de l'œil, Répert. pharm., t. XVI.

Siemens. — *Agricultural Gazette*, 1881.

Soret. — *Archives des sciences physiques*

Sous. — *Journal de médecine de Bordeaux*, 1887-88.

Sulzer. — *Klinische monatsblätter für Augenheilkunde.*

Terrier. — *Semaine médicale*, janvier 1888.

Uhle. — Anémie du nerf optique et de la rétine produite par la foudre, *Klinische monatsblätter für Augenheilkunde.*

Vassart. — Salubrité de l'éclairage électrique, Soc. indus. du Nord, de la France, 1880.

Widmarr (Doctor Johan). — Exposé des travaux du Dr etc., Stockholm.

EXPLICATION DES PLANCHES

PLANCHE I

I. Obs. 1. — O. D. : Atrophie du n. optique, papille blanche, vaisseaux filiformes.
II. Obs. 1. — O. G. : Œdème de la papille, vaisseaux très grêles.
III. Obs. 2. — O. D. : Presque normal.
IV. Obs. 2. — O. G. : Congestion de la rétine, vaisseaux énormes, léger degré de diffusion séreuse autour de la papille.
V. Obs. 3. — O. D. : Ischiémie de la rétine, vaisseaux filiformes, papille blanche, rétine pâle.
VI. Obs. 3. — O. G. : Vaisseaux assez grêles, papille blanche.

PLANCHE II

I. Exp. 1. — O. G. : Normal.
II. Exp. 1. — O. D. : Dix minutes devant la lumière électrique non privée de rayons violets. Congestion papillaire, vaisseaux dilatés.
III. Exp. 2. — O. D. : Une demi-heure devant la lumière électrique non privée de rayons violets. Congestion papillaire énorme, vaisseaux très gros.
IV. Exp. 2. — O. G. : Une demi-heure devant la lumière électrique privée de rayons violets. Congestion moins forte que précédemment.
V. Exp. 3. — O. D. : Une demi-heure devant la lumière électrique non privée de rayons violets. Congestion énorme de la papille, vaisseaux énormes.
VI. Exp. 3. — O. G. : Une demi-heure devant la lumière électrique dépourvue de rayons violets. Congestion de la papille beaucoup moins forte.

N.-B. — Dans les figures IV et VI, la gravure a rendu trop fortement les vaisseaux et la vascularisation de la papille. Les veines doivent être un peu moins grosses et les vaisseaux papillaires très grêles et peu visibles.

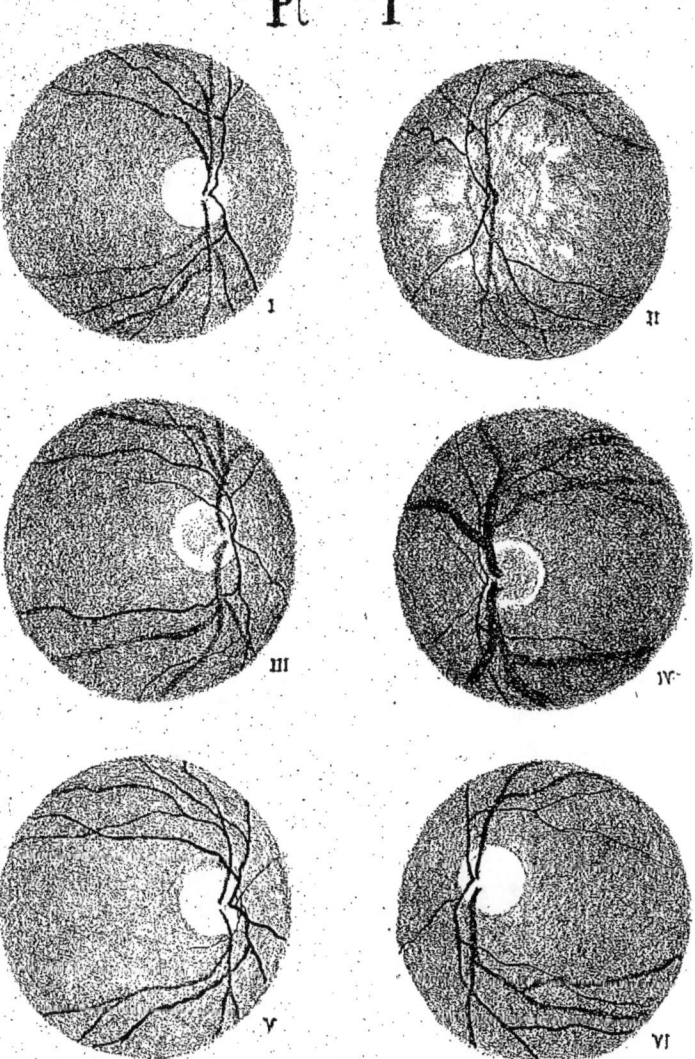

Pl II

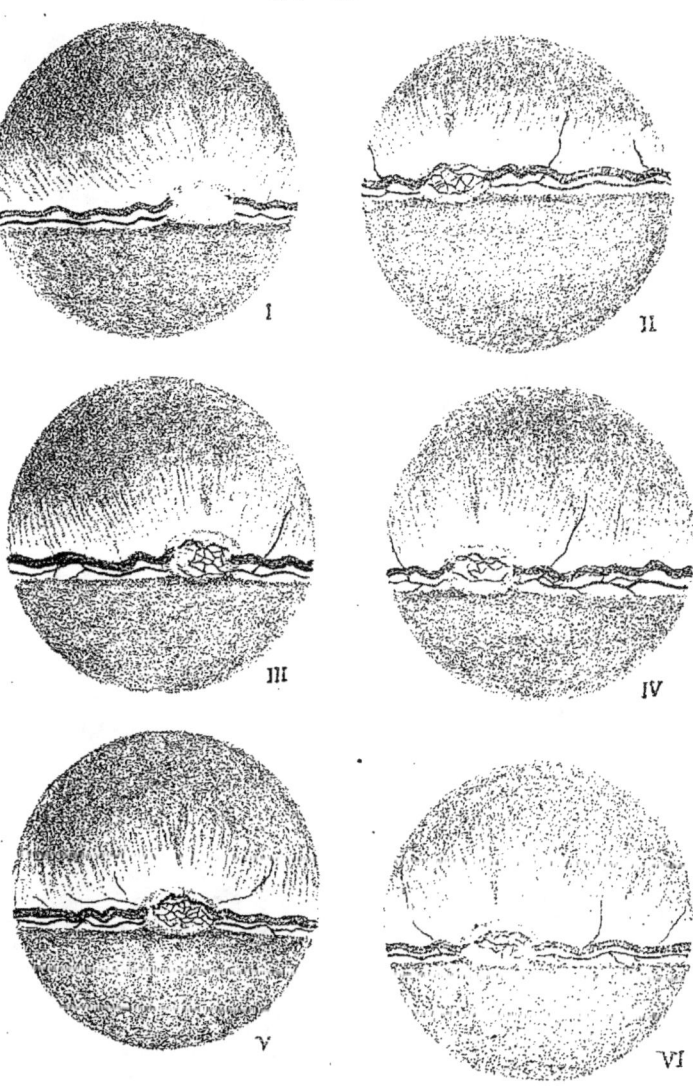